Inhalt

Wasser - Wird die Energiekrise bald von einer Wasserkrise abgelöst?

Kernthesen

Beitrag

Fallbeispiele

Zahlen und Fakten

Weiterführende Literatur

Impressum

GENIOS BranchenWissen Nr. 10/2007 vom 02.10.2007

Wasser - Wird die Energiekrise bald von einer Wasserkrise abgelöst?

Autor GENIOS BranchenWissen: A.Schneider

Kernthesen

- Weltweit haben über eine Milliarde Menschen keinen Zugang zu sauberem Trinkwasser. Ein Drittel der Weltbevölkerung lebt ohne angemessene sanitäre Versorgung.
- 60 Prozent der europäischen Städte übernutzen ihre Grundwasservorräte, für die Mittelmeerländer wird ein dramatischer Anstieg des Wassermangels vorhergesagt und in Osteuropa ist Wasser oft durch Industrie, Haushalte und Landwirtschaft

verschmutzt.
- Deutschland ist wasserreich. Die deutsche Wasserwirtschaft hat frühzeitig damit begonnen, Strategien für den Klimawandel zu entwickeln, wie beispielsweise in den Bereichen Talsperrenmanagement, Hochwasserschutz- und Infrastrukturmaßnahmen.

Beitrag

Wer heute über knappe Ressourcen und Energiekrisen spricht, sollte eine drohende Wasserkrise nicht außer Acht lassen. Die kommenden Kriege werden nicht um Öl, sondern um Wasser geführt." - Der ehemalige Uno-Generalsekretär Butros Ghali fand bereits vor einigen Jahren diese deutlichen Worte zur Bedeutung von Wasser.

Schreckensszenario Klimaerwärmung und Wasserkriege

Klimaexperten warnen davor, dass die globalen

Durchschnittstemperaturen bis zum Jahr 2100 um bis zu 6,4 Grad ansteigen könnten. Die daraus resultierende Trockenheit ist nur eine von vielen Gefahren. Wasser könnte bald ein umkämpftes Exportgut sein. Vor allem dann, wenn Wasserknappheit und Bevölkerungswachstum zusammentreffen, wird die Mischung dieser Konflikte explosiv. Auseinandersetzungen um die wertvolle und ungleichmäßig verteilte Ressource Wasser werden unausweichlich sein. Erste Beispiele lassen sich bereits heute beobachten. So etwa errichtet die Türkei am Oberlauf von Euphrat und Tigris Staudämme und Wasserkraftwerke; diese Flüsse speisen aber auch die Wasserversorgung von Syrien und dem Irak. In Südafrika entnehmen weiße Farmer das Wasser vom Oberlauf vieler Flüsse für ihre Felder, so dass für die mehrheitlich schwarze Bevölkerung in einigen Städten nicht genug bleibt.

Die Investmentbranche wittert bereits das große Geschäft mit dem knappen Gut Wasser. Immer mehr Fonds widmen sich dieser Ressource. Branchenpionier ist der Pictet Water Fund. Er hat eine sensationelle Erfolgsstory hingelegt. Bereits im April 2007 musste der Fonds für alle Anteilsklassen aufgrund des überragenden Anlegerinteresses die Mittelzuflüsse zunächst auf 1 Million Euro, dann auf 500 000 Euro pro Tag und Kundenkonto begrenzen. Für Neukunden sind die Fonds bereits jetzt geschlossen, und ein sogenanntes Hard Closing, bei dem der Fonds gar keine weiteren Mittel mehr aufnehmen wird, wird in Kürze erwartet. (1)

Weltweit über eine Milliarde Menschen ohne sauberes Trinkwasser

Weltweit haben über eine Milliarde Menschen keinen Zugang zu sauberem Trinkwasser. Vor allem in entlegenen afrikanischen Dörfern ist das Wasser oft durch Bakterien oder Bilharzioselarven verseucht und somit als sauberes Trinkwasser unbrauchbar. Die Kindersterblichkeit ist dementsprechend hoch. Die technischen Möglichkeiten, die Abhilfe schaffen könnten, sind vorhanden. Siemens beispielsweise bietet ein mit Solarzellen betriebenes System an, mit dem sich in vielen abgeschiedenen Orten in Afrika oder Asien sauberes Trinkwasser in größeren Mengen erzeugen lässt. Doch viel zu wenigen Dörfern steht heute ein derartiges System zur Verfügung.

Ein Drittel der Weltbevölkerung lebt ohne angemessene sanitäre Versorgung. Dabei ist Wasser auf der Welt reichlich vorhanden, mehr als 70 Prozent der Erdoberfläche sind mit Wasser bedeckt. Doch 97

Prozent bestehen aus Salzwasser, und fast drei Viertel der verbliebenen drei Prozent Süßwasser sind in Gletscher und Polareis gebunden. Der Mensch aber benötigt für die Nahrungsmittelproduktion, für Hygiene und für Trinken Süßwasser. Für ihn nutzbar bleiben also weniger als 0,3 Prozent des weltweiten Süßwasservorkommens. (2)

Die Bevölkerung wächst, der Wasserbedarf in Industrie und Landwirtschaft steigt. Der Markt für Wasser und Abwasserbehandlung wächst jährlich um durchschnittlich sechs Prozent, wobei die Raten in Asien, Osteuropa und Lateinamerika deutlich höher sind. Megacities wie das indische Mumbai, das japanische Tokio, das brasilianische Sao Paulo brauchen Unmengen von Wasser. Die Eisen- und Stahlindustrie, die chemische Industrie und die Papier- und Nahrungsmittelindustrie sind Hauptnutzer von Industriewasser. In den vergangenen Jahrzehnten hat der weltweite Wasserverbrauch doppelt so schnell zugenommen wie die Weltbevölkerung. Bis zum Jahr 2025, so die Schätzung der UN, werden wir bis zu 40 Prozent mehr Trinkwasser benötigen. Wir brauchen also dringend Lösungen, die dafür sorgen, dass mehr Menschen langfristig mehr Trinkwasser zur Verfügung steht. Singapur und China beispielsweise nutzen bereits aufbereitetes Abwasser als industrielles Brauchwasser und auch schon als Trinkwasser.

Wassermangel in Südeuropa, Wasserverschmutzung in Osteuropa

In Europa herrscht zwar insgesamt Wasserüberfluss. Und dennoch gibt es auch hier Wasserprobleme. 20 Prozent des Oberflächenwassers der EU sind schadstoffbelastet.
Mögliche Schadstoffe sind zum Beispiel Chrom, das unter anderem als Korrosionsschutzmittel bei Kühlsystemen und Schaltanlagen eingesetzt wird, Arsen, das bei der Nutzung von fossilen Brennstoffen freigesetzt und als Dotierungselement in der Halbleiterindustrie sowie als Schädlingsbekämpfungsmittel im Weinbau und Fungizid im Holzbau eingesetzt wird, oder die Salze der Perchlorsäure, die für Spreng- und Raketentreibstoffe verwendet werden. Auch Arzneimittelreste und Haushaltschemikalien im Abwasser sind ein Thema.
60 Prozent der europäischen Städte übernutzen ihre Grundwasservorräte. Zypern, Malta, Italien und Spanien, wo ein Fünftel der Menschen Europas leben, haben bereits ernsthafte lokale Versorgungsprobleme. Für die Mittelmeerländer wird ein dramatischer Anstieg des Wassermangels vorhergesagt. Meerwasserentsalzungsanlagen könnten hier Abhilfe

schaffen.

In Osteuropa ist Wasser reichlich vorhanden, aber oft ist es durch Industrie, Haushalte und Landwirtschaft verschmutzt. In Slowenien, Ungarn, der Tschechischen Republik und der Slowakei wurde in den letzten Jahren die Wasserversorgung und Abwasserentsorgung stark verbessert. In anderen Teilen Osteuropas dagegen hapert es noch gewaltig. So herrscht noch viel Nachholbedarf in Bulgarien, Rumänien und Polen. Die bulgarische Küstenstadt Varna am Schwarzen Meer soll endlich eine Kläranlage für die 314 000 Einwohner bekommen. In Rumänien sind Projekte unter anderem in Sibiu und Timisoara in Vorbereitung.
Techniken zur Wasseraufbereitung sind hier gefragt. Klassischerweise wird mit Demineralisierung oder Karbonfilter gearbeitet, künftig werden vermutlich mehr chemische Aufbereitungsanlagen wie UV- und Ozonanlagen, Membranfilter und Bioreaktoren eingesetzt.

Wasserreiches Deutschland

Deutschland ist ein wasserreiches Land. Mit einem jährlichen, erneuerbaren Wasservorrat von über 180 Milliarden Kubikmetern steht uns reichlich Grund-,

Oberflächen- und Quellwasser zur Verfügung. Ein Großteil des verfügbaren Wassers bleibt sogar ungenutzt. Die Wasserversorger fördern davon nur etwa drei Prozent jährlich.

Unser Trinkwasser wird vor allem aus örtlichen Ressourcen gewonnen. Mit 65 Prozent ist dabei das Grundwasser von ganz besonderer Bedeutung. Das macht klar, wie wichtig der nachhaltige Schutz unseres Grundwassers vor Verunreinigungen ist. Zur Sicherstellung der Trinkwasserversorgung sind in Deutschland 17 584 Wasserschutzgebiete ausgewiesen (LAWA 1997). Diese umfassen 11,7 Prozent der Gesamtfläche der Bundesrepublik Deutschland.

Die Deutschen sind beim Wasser vergleichsweise sparsam. Unser durchschnittlicher Wassergebrauch ist seit Beginn der 90er Jahre um rund 14 Prozent gesunken. Mit 125 Litern pro Einwohner und Tag gebrauchen wir im Durchschnitt wesentlich weniger Wasser als die Bürger in allen anderen europäischen Ländern. Zudem ist der Wasser vergleichsweise günstig. So liegt der durchschnittliche Wasserpreis in Deutschland bei 1,85 Euro pro 1 000 Liter (= 1 Kubikmeter).

Die Wasserwirtschaft kümmert sich um die Wasserversorgung und die Abwasserbeseitigung.

Zuständig sind die Gemeinden. Insgesamt sorgen rund 6 700 Betriebe der Wasserversorgung und rund 6 000 Abwasserentsorgungsbetriebe dafür, dass unser Trinkwasser gewonnen, gereinigt und verteilt wird, dass die Abwässer aus Industrie und Haushalten geklärt werden und wie der dabei entstehende Klärschlamm genutzt wird.

Rund 490 000 km Kanalnetz müssen instand gehalten werden. Für Versorgungssicherheit und -qualität investieren die deutschen Wasserversorger jährlich über 2,3 Milliarden Euro in die Sanierung oder Erneuerung von Versorgungsanlagen und Rohrnetzen. Über 98 Prozent der deutschen Bevölkerung sind an die öffentliche Kanalisation angeschlossen. Der kleine Rest wird über dezentrale Anlagen oder über Fäkalienabfuhr versorgt. (3)

Die deutsche Energie- und Wasserwirtschaft hat sich zu einem neuen Verband für Gas, Strom, Fernwärme sowie Wasser und Abwasser zusammengeschlossen. Der Bundesverband der Energie- und Wasserwirtschaft (BDEW) will noch dieses Jahr seine Arbeit aufnehmen. Er wird rund 1 800 Unternehmen der deutschen Energie- und Wasserwirtschaft vertreten. Die im BDEW repräsentierten Unternehmen zählen insgesamt rund 280 000 Beschäftigte. Im vergangenen Jahr investierten sie bei einem Umsatzvolumen von 140 Milliarden Euro annähernd 13 Milliarden Euro.

Die Auswirkungen des Klimawandels auf Wasserhaushalt und Infrastruktur werden von der deutschen Wasserwirtschaft bereits ins Kalkül gezogen. Sie hat frühzeitig damit begonnen, Strategien für den Klimawandel zu entwickeln, wie beispielsweise in den Bereichen Talsperrenmanagement, Hochwasserschutzmaßnahmen und Infrastrukturmaßnahmen.

Frankreich ist der größte Wasserversorger der Welt

Frankreich ist mit Veolia und Ondeo im internationalen Wassergeschäft hervorragend positioniert.
Der französische Wasserspezialist Veolia Water gilt als größter Wasserversorger der Welt. Zur Gruppe gehört auch der Anlagenbauer Veolia Water Solutions & Technologies (VWS, 1,9 Milliarden Euro Umsatzvolumen pro Jahr). Er sieht sein Hauptgeschäft inzwischen weniger bei den Kommunen und Wasserversorgern, sondern vielmehr bei den Industriekunden. Auch in Deutschland sind diese der Wachstumsmarkt. Die Energie- und

Automobilbranche, die Getränke- und Nahrungsmittelindustrie, die Pharmabranche und der Schiffsbau sind zu wichtigen Auftraggebern geworden. Getrieben wird die Entwicklung durch viele Neuigkeiten und Auflagen im Umweltbereich. Auf Grund steigender Umweltauflagen lagern immer mehr Industriekunden ihre Wasseraktivitäten aus. Veolia erwartet zum Beispiel einen Ausbau im Kraftwerkssektor durch die Errichtung neuer Kraftwerke. Neue Projekte beschäftigen sich mit Vollentsalzung, mit Rauchgas- und Kühlturmwasseraufbereitung, mit Kondensatreinigung und dem Recycling des Prozesswassers. Auch die Herstellung von Biotreibstoffen und die biologische Aufbereitung von Abwasser, die Reinigung von uranhaltigem Trinkwasser und Behandlungsanlagen für Ballastwasser auf Schiffen könnten wichtige neue Absatzmärkte werden. (4)

Deutsche Unternehmen sind in der Wasserwirtschaft hingegen nicht besonders gut aufgestellt. Den letzten großen Erfolg hatte 1997 RWE, als es gemeinsam mit der französischen Suez Lyonnaise des Eaux (Ondeo) den Zuschlag für die Wasserver- und Abwasserentsorgung in Budapest erhielt. Inzwischen ist RWE im Wassergeschäft wohl eher auf dem Rückzug. Die gemeinsame Beteiligung mit Veolia an der Berlin Wasser International (BWI) wurde aufgegeben, von der Tochter Thames Water trennte man sich.

Der größte deutsche Wasserversorger, Gelsenwasser, konnte bisher nur Aufträge für kleine Projekte im Kosovo, in der Tschechischen Publik und in Ungarn erhalten. Im vergangenen Jahr beauftragte die Europäische Agentur für Wiederaufbau Gelsenwasser mit der betrieblichen Unterstützung der lokalen Wasserversorger in Pristina und Mitrovica im Kosovo. (5)

Fazit

Die jüngsten Energiekrisen konnten glücklicherweise rasch und friedlich bewältigt werden. Hoffentlich schaffen Politik und Wirtschaft dasselbe auch durch rechtzeitiges und vorausschauendes Handeln in der drohenden Wasserkrise. Denn schließlich gibt es Beispiele, wie moderne Wasserwirtschaft und fortschrittliche Energieversorgung sogar eine konstruktive Symbiose eingehen können: Bei der Abwasserreinigung entsteht generell Klärschlamm. Mit steigender Reinigungsleistung der Kläranlage steigt auch das Aufkommen von Klärschlamm. Entsorgt wird er in der Regel durch Verbrennung. Doch es gibt auch fortschrittlichere Verwendung. So kann der verbleibende Klärschlamm einer Kläranlage als Rohstoff in Gaskesseln eingesetzt werden. Bei zahlreichen alten Fernheizsystemen in Osteuropa kann so verfahren werden. Dadurch wird Primärenergie gespart und gleichzeitig der Klärschlamm entsorgt. Eine andere Möglichkeit für die sinnvolle Symbiose von Wasserwirtschaft und Energieversorgung ist die Kombination eines Gas- und Dampfturbinenkraftwerks mit einer Meerwasserentsalzungsanlage.

Fallbeispiele

Singapur

nutzt zum Teil bereits aufbereitetes Abwasser - NEWater - als Trinkwasser. Es wird von einer Siemens-Anlage erzeugt. Bis 2012 will Singapur 20 Prozent seines Wasserverbrauchs mit NEWater decken. Bisher wird es vor allem für die Industrie genutzt. Aber künftig soll auch die Bevölkerung daran gewöhnt werden, aufbereitetes Abwasser als Trinkwasser zu nutzen. Das recycelte Abwasser in den durchsichtigen Plastikflaschen mit orangeblauem Etikett avancierte inzwischen zum Szenegetränk. (6), (10)

In **China** wird auf dem Gelände des Asia Games Village im Norden von Peking eine Abwasserrückgewinnungsanlage mit der gegenwärtig modernsten Membran-Bio-Reaktor-Technologie für die Olympischen Spiele 2008 errichtet. Das Wasser soll als kommunales Brauchwasser und als Schwimmwasser für den künftigen Olympiapark verwendet werden. Die **Ruhr** ist ein exzellentes Beispiel für eine gelungene Trendwende im Gewässerschutz. Früher war die Ruhr total verdreckt und Transportweg für Industrie und Wirtschaft. Baden war undenkbar. Dies ist es auch heute noch. Doch aus ganz anderen Gründen. Heute herrscht dort Gewässerschutz, und große Teile sind Wasserschutzgebiet. Die Ruhr ist Trinkwasserreservoir für über fünf Millionen Menschen. (7)

In **München** wurde die Renaturierung der Isar mit dem ersten Gewässerentwicklungspreis der Deutschen Vereinigung für Wasserwirtschaft, Abwasser und Abfall (DWA) ausgezeichnet. Hochwasserschutz, Steigerung des Naherholungswertes und naturnaher Gewässerschutz seien in beeindruckender Weise umgesetzt worden.

Paris

will so sauberes Trinkwasser wie München. Die Stadt Paris plant, in zwei Jahren ihre Wasserversorgung zu erneuern, und nimmt sich verschiedene europäische Städte als Beispiel. (8)

Die **Niederlande** stecken bis zum Jahr 2015 fünf Milliarden Euro in den Schutz ihrer Küsten vor den Folgen der Klimaveränderung. Deiche sollen erhöht, Strände verbreitert und Dünen gesichert werden. Da mehr als ein Drittel der Niederlande unterhalb des Meeresspiegels liegt, hätte sonst ein steigender Meeresspiegel verheerende Auswirkungen.

Zahlen & Fakten

Marktführer im weltweiten Wassergeschäft ist die französische Veolia.

Veolia Environnement

- hervorgegangen aus dem Umweltgeschäft des französischen Mischkonzerns Vivendi, 1999 als Veolia Environnement abgespalten.

- Geschäftsbereiche: Veolia Water (Wasser), Onyx

(Abfallmanagement), Dalkia (Energiedienstleistungen), Connex (Transport/Eisenbahn).

- Kennzahlen 2006: 28,62 Milliarden Euro Umsatz (+11,9 % gg. Vj.), 758,70 Millionen Euro Nettogewinn (+22 % gg. Vj.), 298 498 Mitarbeiter weltweit.

- F&E: 115 Millionen Euro, 700 Forscher & Entwickler weltweit.

- Der Umsatz im Wasser- und Müllentsorgungsgeschäft soll bis zum Jahr 2010 pro Jahr um acht bis zehn Prozent steigen. Die Gewinne sollen dabei noch schneller wachsen.

- Das Wassergeschäft erbrachte zuletzt 54 Prozent des operativen Gewinns, die Marge lag bei 11,5 Prozent.

- Das Müllentsorgungsgeschäft soll Wachstumsraten von fünf Prozent pro Jahr bringen.

- Der Konzern wächst derzeit im asiatischen Raum, vor allem in China, enorm. Bis 2015 will Veolia in China 50 Millionen Kunden betreuen. Bisher hat das Unternehmen mehr als 20 Wasserversorgungs- und Kläranlagenverträge mit chinesischen Städten abgeschlossen.

- Das Müllentsorgungsgeschäft wurde 2006 durch die Übernahme der britischen Cleanaway und nochmals im April 2007 mit Sulo, Deutschlands zweitgrößtem Müllkonzern, enorm gestärkt.

Veolia Water

- geht als Kernbereich von Veolia Environnement auf den 1853 gegründeten Wasserversorger Compagnie Générale des Eaux (CGE) zurück.

- Geschäftsbereiche: Stadtwerke, Solutions & Technologies (VWS), Industriedienstleistungen.

- gilt als weltgrößter Wasserversorger, in Deutschland z.B. beteiligt an den Berliner Wasserwerken. Deutschland nach Frankreich zweitgrößter Markt.

- Kennzahlen 2006: 10,1 Milliarden Euro Umsatz (1,2 Milliarden Euro in Deutschland), 1,9 Milliarden Euro Umsatz bei Solutions & Technologies (VWS), 77 841 Mitarbeiter (7 100 davon VWS).

- F&E: Drei Forschungszentren in Frankreich und Deutschland.

(4), (9)

Weiterführende Literatur

(1) Wasserfonds spülen auch andere Branchen ins Depot Kleine und mittlere Werte als Alternative zu Schwergewichten - Ethische Bedenken - Auf Werte mit technologischer Innovationskraft setzen
aus Börsen-Zeitung, 27.07.2007, Nummer 142, Seite 2

(2) Bundesverband der deutschen Gas- und Wasserwirtschaft (BGW), Mit Nachhaltigkeit Wasserproblemen begegnen, www.bgw.de, 21. März 2007
aus Börsen-Zeitung, 27.07.2007, Nummer 142, Seite 2

(3) Bundesverband der deutschen Gas- und Wasserwirtschaft BGW, Branchenbild Wasserwirtschaft 2005, www.bgw.de
aus Börsen-Zeitung, 27.07.2007, Nummer 142, Seite 2

(4) "In zehn Jahren Konkurrenz aus China und Indien"
aus VDI NR. 27 VOM 06.07.2007 SEITE 11

(5) Großreinemachen im Osten
aus VDI NR. 17 VOM 28.04.2006 SEITE 18

(6) Fortsetzung
aus Frankfurter Rundschau v. 25.05.2007, S.37, Ausgabe: R Region

(7) Preuß, Marie, Comeback der Ruhr, Von der

stinkenden Brühe zum Lebenselexier, Spiegel Online, 29.08.2007
aus Frankfurter Rundschau v. 25.05.2007, S.37, Ausgabe: R Region

(8) Paris will so sauberes Wasser wie München
aus Süddeutsche Zeitung, 06.07.2007, Ausgabe Bayern, München, S. 37

(9) Gleich von mehreren Gewinnquellen gespeist Die Versorgung mit Wasser wird immer wichtiger - und lukrativer. \ Der weltweite Marktführer darf über Jahre hinweg mit konstanten Zuwächsen rechnen. Auch Anleger sollten daran partizipieren. VEOLIA ENVIRONNEMENT
aus Börse Online vom 19.07.2007, Seite 28

(10) Wenn jeder Tropfen zählt
aus Entsorga Magazin 07-08 vom 26.07.2007 Seite 034

Impressum

Wasser - Wird die Energiekrise bald von einer Wasserkrise abgelöst?

Bibliografische Information der deutschen Nationalbibliothek

Die Deutsche Nationalbibliothek verzeichnet diese Publikation in der deutschen Nationalbibliografie; detaillierte bibliografische Daten sind im Internet über http://dnb.d-nb.de abrufbar.

ISBN: 978-3-7379-2347-7

© 2015 GBI-Genios Deutsche Wirtschaftsdatenbank GmbH, Freischützstraße 96, 81927 München, www.genios.de

Alle Rechte vorbehalten. Dieses Werk ist einschließlich aller seiner Teile – z.B. Texte, Tabellen und Grafiken - urheberrechtlich geschützt. Jede Verwertung außerhalb der Grenzen des Urheberrechtsgesetzes bedarf der vorherigen Zustimmung des Verlags. Dies gilt insbesondere auch für auszugsweise Nachdrucke, fotomechanische

Vervielfältigungen (Fotokopie/Mikroskopie), Übersetzungen, Auswertungen durch Datenbanken oder ähnliche Einrichtungen und die Einspeicherung und Verarbeitung in elektronischen Systemen.